IMPRESSÃO SUA

ANDRÉ DAHMER

Impressão sua
Poemas

1ª reimpressão

Copyright © 2021 by André Dahmer

*Grafia atualizada segundo o Acordo Ortográfico da Língua Portuguesa de 1990,
que entrou em vigor no Brasil em 2009.*

Capa
Kiko Farkas/ Máquina Estúdio

Preparação
Heloisa Jahn

Revisão
Ana Maria Barbosa
Huendel Viana

Dados Internacionais de Catalogação na Publicação (CIP)
(Câmara Brasileira do Livro, SP, Brasil)

Dahmer, André, 1974-
    Impressão sua : poemas / André Dahmer. — 1ª ed. —
São Paulo : Companhia das Letras, 2021.

    ISBN 978-65-5921-034-3

    1. Poesia brasileira I. Título.

21-56307   CDD-B869.1

            Índice para catálogo sistemático:
            1. Poesia : Literatura brasileira B869.1
        Maria Alice Ferreira – Bibliotecária – CRB-8/7964

[2021]
Todos os direitos desta edição reservados à
EDITORA SCHWARCZ S.A.
Rua Bandeira Paulista, 702, cj. 32
04532-002 — São Paulo — SP
Telefone: (11) 3707-3500
www.companhiadasletras.com.br
www.blogdacompanhia.com.br
facebook.com/companhiadasletras
instagram.com/companhiadasletras
twitter.com/cialetras

Sumário

PARTE 1 — O LIVRO DOS CÃES, 7

PARTE 2 — MONUMENTO AO JOVEM MONOLITO, 69

PARTE 3 — TIROCÍNIO PARA JOVENS HOMICIDAS, 79

PARTE 4 — LÍNGUA BRAÇO ARMADO DO CORAÇÃO, 85

PARTE 5 — ESTRADA PARA O OUVIDO (CARTAS DO PARAÍSO), 107

PARTE 1

O LIVRO DOS CÃES

nasci em botafogo
em 1974
no bairro das inexplicáveis
dezenas de farmácias
e das centenas de sírios
que fugiram da guerra
tenho a ambição de morrer em botafogo
em casa
e dormindo
em 2094

tudo indica que
quando eu morrer
em 2094
os sírios ainda estarão
fugindo da guerra

em botafogo
nunca chove em 14 de setembro
estou com quarenta e cinco anos
e espero que até 2094
chova em botafogo
no dia 14 de setembro
como disse o médico que engessou minha perna

para tudo existe
uma primeira vez

foi na sala da casa mais bonita do mundo
que aos seis anos chorei de espanto
ao ver três sombras do meu corpo
projetadas simultaneamente no chão
por conta de três fontes de luz diferentes
aos seis anos
eu acreditava que cada ser humano
era capaz de projetar apenas uma sombra no chão
como nos desenhos animados

posso dizer que chorei de espanto
na primeira aula de física da minha vida

já em 1982
na rua
as vovós não me chamavam mais
de lindo

afinal
eu já tinha oito anos de idade

1982 foi o ano da copa do mundo da espanha
eu fingia gostar de futebol
porque todos os meninos gostavam

e me sentava ao lado deles
e gritava gol sem nada sentir
quando eu aprender a mentir
pensei

ninguém me segura

quando eu tinha onze anos
minha irmã mais velha
se arrebentou toda em um
acidente de carro
cruzei o natal de 1985
eu e um adulto
que eu não conhecia direito
uma mulher que sorria de nervoso
quando eu perguntava pelos meus pais
pensei
que alguma coisa muito errada aconteceu
no natal de 1985
para me deixarem a sós
com uma mulher que sorria de nervoso

o presente do natal de 1985
era um navio pirata
e uma irmã toda arrebentada
comi macarrão com ovo
na ceia de natal de 1985
eu e minhas duas irmãs
jamais conseguimos
tirar a carta de motorista
mesmo assim
macarrão com ovo
ainda é um dos meus pratos prediletos
exceto em noites de natal
tenho um medo de automóveis
que não consigo explicar
através da poesia

em 1987
zaca e cabeludo entraram em guerra
pelo controle do morro dona marta
os meninos da minha rua se reuniram para ver
[bombeiros
retirarem três corpos jovens e carbonizados
de dentro do porta-malas de um ford escort 1.8
no estacionamento da cobal do humaitá
os meninos gritavam
quero ver sangue
e eu gritei junto
para ser aceito pelo grupo

a primeira vez que vi gente morta
pedi por sangue de pessoas que eu nem conhecia
para ser aceito pelo grupo

minha primeira bicicleta
foi uma monareta vermelha
ainda sinto

desculpe o clichê

as mãos do meu pai
descolando de minhas costas

no dia em que dei três pedaladas seguidas
sem rodinhas
sem meu pai
pensei
vou andar de bicicleta
pelo resto da vida

e andei

mesmo sem poder ficar de pé
a bicicleta é um ser de luz
assim como o violão
ela canta no tombo
sim
as grandes mágicas
não são feitas por mágicos

um exemplo concreto

quando penso em você
a geladeira começa a fazer um barulho
como quem acorda de um sono profundo
ou chove

minha avó luise sempre dizia
não é bom mudar as plantas de lugar
botar no sol botar na sombra
girar o vasinho
mudar o rumo das coisas
até porque as coisas acontecem sozinhas
querendo você ou não
tudo passa

minha avó luise
antes de passar
também me disse
que tudo passa

também o símbolo do infinito
tatuado no seu braço
sua tese de doutorado
o morro do corcovado
com cristo e tudo
passarão no final

nos anos de judô
eu e pablo pedalávamos
duas caloi cross
extralight
trajando quimono branco
eu me sentia um samurai
montado num cavalo
de pneu vermelho
nunca chove
em 14 de setembro

no largo dos leões
um garoto mais velho
com nome da capital do chile
torcia meu braço
nunca até quebrar
não é pra machucar de verdade
quando eu aprender a machucar os outros
pensei

ninguém me segura

no judô da sá pereira
eu e pablo tínhamos dois inimigos
matias e mateus
dois irmãos grandes e gordos
foi pablo quem me ensinou
se você bater no mais forte

os outros nunca mais vão mexer contigo

no dia seguinte
bati em mateus
o irmão mais forte

foi ótimo

minha primeira paixão foi laura
que gostava do pablo
tive que me contentar em namorar com a irmã dele
nós quatro passamos a copa de 1986
assistindo aos jogos de futebol em uma cama
nós quatro
e uma mesa de futebol de botão
separando os dois casais
para nos bolinarmos com privacidade
a gente não perdia nenhum jogo
eu adorava assistir até
croácia × dinamarca

em 1987
a irmã do pablo me bolinou tanto
que do meu pau saiu um líquido grosso e branco
que não era urina
ficamos apavorados
porque julgamos que eu havia ficado doente
de tanto que a irmã do pablo
mexeu no meu pau
não contei aos meus pais
que eu estava gravemente doente

preferi me aconselhar com o tio do pablo
um cara que bebia e fumava o tempo todo
além de cheirar um pó branco
assim que o sol se escondia

às gargalhadas
o tio do pablo jurou guardar meu segredo
disse que eu não estava doente
e o que aconteceu
aconteceria muitas outras vezes

se eu tivesse sorte

esclarecida a questão
fiz sair do meu corpo
o líquido grosso e branco
que não era urina
em média três vezes por dia
dez anos seguidos

olhando agora
parece que tive bastante sorte

foi com a ajuda do paulo da banca
um senhor de uns quarenta anos
careca e de bigode
que eu e meus amigos do largo dos leões
compramos nossas primeiras revistas pornográficas

pequeninas e impressas em papel couché
o paulo da banca
nos vendia as revistinhas da série casadas & safadas
que circulavam entre os meninos
do largo dos leões
para que todos pudessem expelir
o líquido grosso e branco
que nos trazia uma sensação de paz
que não consigo explicar

através da poesia

dei o meu primeiro beijo na boca
em 1983
dentro do túnel dois irmãos
no banco traseiro de um monza creme
quando eu e bárbara fomos conhecer eva
a boneca gigante
montada no estacionamento
do barrashopping

foi a mãe da bárbara que me deu
o primeiro hambúrguer da minha vida
no mesmo dia em que a filha dela
me presenteou com o primeiro beijo na boca
depois de morder o sanduíche e beijar a boca da
                                        [bárbara
pensei

quando eu for adulto
quero comer hambúrguer e beijar na boca
todos os dias

na volta do barrashopping
quando o monza creme entrou no túnel
a bárbara botou a língua dentro da minha boca
e a língua dela começou a rodar
tal qual uma hélice
até a mãe da bárbara
dirigindo o monza creme
começar a gritar

a partir daquele dia
comecei a acreditar que beijo na boca
de adulto
bem dado
profissional
era com a língua rodando
tal qual uma hélice
como bárbara me ensinou

aos dezesseis anos
meus pais me deixaram viajar sozinho
com os amigos da praia
pela primeira vez na vida

logo que chegamos a búzios
para me sentir adulto
e ser aceito pelo grupo
experimentei um cigarro

estou com quarenta e cinco anos
virei adulto
e fumo desde os dezesseis anos
nasci em 14 de setembro de 1974
acho que vou morrer fumando cigarros
dormindo
em 2094

um tubo que peguei na ressaca de junho de 1991
ainda está vivo em meu coração
acho que morrerá comigo no ano de 2094
quando eu virar poeira
em casa
fumando
e dormindo

naquela época
meus pais não sabiam que eu não tinha
qualquer respeito
pelo mar
o mar me apresentou ao respeito em 1992
da pior maneira possível
em um dia de chuva e ondas enormes
eu respirava água e pensava
acho que não vou morrer em 2094

quando desisti de subir à superfície
um filminho com cenas da minha vida
passou pela minha cabeça
meu pai em friburgo
me levantando para ver um ninho de passarinho
laura com seu lindo maiô azul
nadando em ipanema
meu navio pirata no natal de 1985
e uma irmã toda arrebentada

em 1992 descobri que
quando a gente está morrendo
realmente passa um filminho
e depois vem uma calma
que não consigo explicar

através da poesia

fui salvo por januário
o amigo que ficou na areia
por medo de entrar no mar daquele dia

chamei januário de covarde
mais ou menos
vinte minutos antes de ele me salvar
da morte por afogamento

olhando agora
deve ser muito ruim
estar se afogando
e não ter um amigo covarde
para te salvar

fui o esquisitão da turma
do primário à faculdade
a garota mais bonita do colégio
me apelidou de

dodói

dodói
você sabe o que foi o tratado de tordesilhas?
dodói
me empresta uma caneta?
dodói
vamos ao cinema ver highlander
o guerreiro imortal?

dodói dodói dodói dodói dodói dodói dodói dodói
dodói dodói dodói dodói dodói dodói dodói dodói
dodói dodói dodói dodói dodói dodói dodói dodói
dodói dodói dodói dodói dodói dodói dodói dodói
dodói dodói dodói dodói dodói dodói dodói dodói
dodói dodói dodói dodói dodói dodói dodói dodói
dodói dodói dodói dodói dodói dodói dodói dodói
dodói dodói dodói dodói dodói dodói dodói dodói
dodói dodói dodói dodói dodói dodói dodói dodói
dodói dodói dodói dodói dodói dodói dodói dodói
dodói dodói dodói dodói dodói dodói dodói dodói
dodói dodói dodói dodói dodói dodói dodói dodói
dodói dodói dodói dodói dodói dodói dodói dodói
dodói dodói dodói dodói dodói dodói dodói dodói
dodói dodói dodói dodói dodói dodói dodói dodói
dodói dodói dodói dodói dodói dodói dodói dodói
dodói dodói dodói dodói dodói dodói dodói dodói
dodói dodói dodói dodói dodói dodói dodói dodói
dodói dodói dodói dodói dodói dodói dodói dodói
dodói dodói dodói dodói dodói dodói dodói dodói
dodói dodói dodói dodói dodói dodói dodói dodói
dodói dodói dodói dodói dodói dodói dodói dodói
dodói dodói dodói dodói dodói dodói dodói dodói

dodói dodói dodói dodói dodói dodói dodói dodói
dodói dodói dodói dodói dodói dodói dodói dodói
dodói dodói dodói dodói dodói dodói dodói dodói
dodói dodói dodói dodói dodói dodói dodói dodói
dodói dodói dodói dodói dodói dodói dodói dodói
dodói dodói dodói dodói dodói dodói dodói dodói
dodói dodói dodói dodói dodói dodói dodói dodói
dodói dodói dodói dodói dodói dodói dodói dodói
dodói dodói dodói dodói dodói dodói dodói dodói
dodói dodói dodói dodói dodói dodói dodói dodói
dodói dodói dodói dodói dodói dodói dodói dodói
dodói dodói dodói dodói dodói dodói dodói dodói
dodói dodói dodói dodói dodói dodói dodói dodói
dodói dodói dodói dodói dodói dodói dodói dodói
dodói dodói dodói dodói dodói dodói dodói dodói
dodói dodói dodói dodói dodói dodói dodói dodói
dodói dodói dodói dodói dodói dodói dodói dodói
dodói dodói dodói dodói dodói dodói dodói dodói
dodói dodói dodói dodói dodói dodói dodói dodói
dodói dodói dodói dodói dodói dodói dodói dodói
dodói dodói dodói dodói dodói dodói dodói dodói
dodói dodói dodói dodói dodói dodói dodói dodói
dodói dodói dodói dodói dodói dodói dodói dodói
dodói dodói dodói dodói dodói dodói dodói dodói
dodói dodói dodói dodói dodói dodói dodói dodói
dodói dodói dodói dodói dodói dodói dodói dodói
dodói dodói dodói dodói dodói dodói dodói dodói
dodói dodói dodói dodói dodói dodói dodói dodói
dodói dodói dodói dodói dodói dodói dodói dodói

41

dodói dodói dodói dodói dodói dodói dodói dodói
dodói dodói dodói dodói dodói dodói dodói dodói
dodói dodói dodói dodói dodói dodói dodói dodói
dodói dodói dodói dodói dodói dodói dodói dodói
dodói dodói dodói dodói dodói dodói dodói dodói
dodói dodói dodói dodói dodói dodói dodói dodói
dodói dodói dodói dodói dodói dodói dodói dodói
dodói dodói dodói dodói dodói dodói dodói dodói
dodói dodói dodói dodói dodói dodói dodói dodói
dodói dodói dodói dodói dodói dodói dodói dodói
dodói dodói dodói dodói dodói dodói dodói dodói
dodói dodói dodói dodói dodói dodói dodói dodói
dodói dodói dodói dodói dodói dodói dodói dodói
dodói dodói dodói dodói dodói dodói dodói dodói
dodói dodói dodói dodói dodói dodói dodói dodói
dodói dodói dodói dodói dodói dodói dodói dodói
dodói dodói dodói dodói dodói dodói dodói dodói
dodói dodói dodói dodói dodói dodói dodói dodói
dodói dodói dodói dodói dodói dodói dodói dodói
dodói dodói dodói dodói dodói dodói dodói dodói
dodói dodói dodói dodói dodói dodói dodói dodói
dodói dodói dodói dodói dodói dodói dodói dodói
dodói dodói dodói dodói dodói dodói dodói dodói
dodói dodói dodói dodói dodói dodói dodói dodói
dodói dodói dodói dodói dodói dodói dodói dodói
dodói dodói dodói dodói dodói dodói dodói dodói
dodói dodói dodói dodói dodói dodói dodói dodói
dodói dodói dodói dodói dodói dodói dodói dodói

42

dodói dodói dodói dodói dodói dodói dodói dodói
dodói dodói dodói dodói dodói dodói dodói dodói
dodói dodói dodói dodói dodói dodói dodói dodói
dodói dodói dodói dodói dodói dodói dodói dodói
dodói dodói dodói dodói dodói dodói dodói dodói
dodói dodói dodói dodói dodói dodói dodói dodói
dodói dodói dodói dodói dodói dodói dodói dodói
dodói dodói dodói dodói dodói dodói dodói dodói
dodói dodói dodói dodói dodói dodói dodói dodói
dodói dodói dodói dodói dodói dodói dodói dodói
dodói dodói dodói dodói dodói dodói dodói dodói
dodói dodói dodói dodói dodói dodói dodói dodói
dodói dodói dodói dodói dodói dodói dodói dodói
dodói dodói dodói dodói dodói dodói dodói dodói
dodói dodói dodói dodói dodói dodói dodói dodói
dodói dodói dodói dodói dodói dodói dodói dodói
dodói dodói dodói dodói dodói dodói dodói dodói
dodói dodói dodói dodói dodói dodói dodói dodói
dodói dodói dodói dodói dodói dodói dodói dodói
dodói dodói dodói dodói dodói dodói dodói dodói
dodói dodói dodói dodói dodói dodói dodói dodói
dodói dodói dodói dodói dodói dodói dodói dodói
dodói dodói dodói dodói dodói dodói dodói dodói
dodói dodói dodói dodói dodói dodói dodói dodói
dodói dodói dodói dodói dodói dodói dodói dodói
dodói dodói dodói dodói dodói dodói dodói dodói
dodói dodói dodói dodói dodói dodói dodói dodói

mesmo esquisitão
e com olhos de dodói
as demais crianças
me toleravam no grupo
só porque eu desenhava bem
foi quando decidi
desenhar pelo resto da vida

e desenhei

em 1994 conheci carolina
uma menina que vivia carregando
uma mochila de roupas
pra lá e pra cá

ela não tinha uma casa
um chão dela
pais legais
e todas as coisas que as pessoas de sorte têm

a gente era tão diferente
eu queria morrer dormindo
ela queria viver para sempre

em 1995
carolina finalmente me apresentou ao pai
um ex-lutador de jiu-jítsu

o homem nos colocou dentro de um carro
e foi dirigindo e cheirando cocaína
cheirando cocaína e dirigindo
até chegarmos a uma fazenda no vale do paraíba

durante a viagem
o pai de carolina
parava em todos os postos de gasolina
comprava uma lata de cerveja
furava a parte de baixo com a chave do carro
e com a boca colada no buraco
abria a lata e bebia a cerveja toda em poucos
                                    [segundos
acho que o pai da carolina
parou em quinze postos de gasolina
durante a viagem

eu nunca tinha visto uma fera daquelas

quando chegamos à fazenda
o pai da carolina passou a noite com uma faca na mão
dizendo que estávamos cercados
e me obrigava a inspecionar os jardins a cada quinze
[minutos
naquela noite
não encontrei nenhum inimigo do pai de carolina
que morasse fora do corpo dele

entre 1994 e 1996
eu fui à casa de carolina
o chão de carolina
os pais legais de carolina
eu dei para carolina
todas as coisas que as pessoas de sorte têm

numa quinta-feira de 2008
carolina pulou pela janela
na frente do pai

no dia seguinte
minha avó luise
me disse que tudo passa
e que eu voltaria a dormir bem

um dia

um dia
em 1998
conheci na faculdade
uma menina de nariz maravilhoso
chamada cristina

tina me daria
duas filhas com narizes maravilhosos
uma década e meia mais tarde
como é demorado fabricar
nariz maravilhoso

depois
ela me ensinou
que a rosa não precisa ser sempre vermelha
que a rosa
também podia ser amarela
na semana que vem
quero ter outro filho com ela
a rosa branca
a rosa bege
a rosa rosa
hoje tina trajava cor da pele
sei do nosso amor
como o soldado
que aprende a usar muletas

e sei que todos os erros são para sempre
a bicicleta
o violão
o casamento
tudo o que a gente ama
um dia precisará de conserto

ela repousa em minhas asas
que lembram braços
depois faz caras chora grita
me manda pro inferno
quando você mora no inferno
quando o inferno é a sua casa
entrar e desamarrar os sapatos
deitar no sofá da sala do inferno
tirar férias do inferno é bom
voltar pra casa é muito melhor

as meninas que tina me deu
ainda são muito novas e não sabem
que não é boa ideia fazer tatuagem aos vinte
que a pele do pescoço cai
que descuido grande se dá com água fervente

as meninas que tina me deu
são tão novas nem imaginam não sabem
que quando alguém diz
preciso de um tempo para pensar
esse alguém irá embora para sempre
ainda são tão novas
não querem
cuidar dos dentes
ter muito dinheiro
morar no mato
encontrar um psicólogo que aceite
o plano de saúde
não sabem nem imaginam
que o espírito se degrada em vício
que alcoolismo não é coisa engraçada
que os homens
gostam de fazer as mulheres
de brinquedo

olhando agora
tomara que nina e lola se apaixonem
por mulheres

são tão novas
e como as plantas
também não sentem medo da morte
acham que vovó luise e vovó vanda foram para o céu
quando na verdade
seus corpos foram lentamente devorados por bichos
que serão devorados por outros bichos

em 2013
quando tinha três anos
nina me perguntou se os peixes estavam dormindo
sobre a bancada da peixaria da cobal

eu disse que sim
a gente faz o que pode para ser feliz

estou em 2020
os pássaros voam em massa
para fora do brasil
cuidar das plantas
ainda é vencer na vida
organizar a mesa de trabalho
ainda é limpar o chão do quartel com uma escova
[de dentes
ainda penso em você
quando isso acontece
a geladeira ainda faz barulho
como alguém que acorda do sono profundo
ou chove

estou em 2020
ainda sou forte
e empurro o carrinho da lola pela voluntários da pátria
enquanto motos nadam em um mar de carros
entro com minha filha na c&a
em busca de ar puro

as camisetas em promoção
haleiwa 1978 bodysurf
não são de protesto
e não dizem absolutamente
nada

além de nascer em botafogo
queria perecer em botafogo
bairro do cemitério são joão batista
que é a casa definitiva da carolina
e o bairro dos sírios
que fugiram da morte
nascer e morrer em botafogo
com minhas filhas respirando ar puro dentro da c&a

é a minha meta

em 2005
para simplificar meu entendimento
sobre as pessoas
comecei a separá-las em dois grandes grupos

cães e gatos

por exemplo

chico buarque é cão
caetano veloso é gato
tom zé é cão
paula lavigne é gato
sérgio cabral filho é cão
paulo maluf é gato
guga chacra é cão
william bonner é gato

sou cão
casei com um cão
nina é cão
lola é tão nova
que ainda não é possível saber ao certo
me parece
que tem aquele jeito
de cão

minha nossa senhora dos cães
haja festinha carinho e bolinha
para o nosso canil

em 2015
saindo do supermercado
senti uma dor tão forte no peito
que larguei as sacolas
e fui ao chão

eu não conseguia pedir ajuda
para um garçom do manekineko
de tanta dor que sentia

daí você me pergunta
se vi de novo o filminho da minha vida
enquanto morria
daí eu lhe respondo
dessa vez não teve filminho
porque sabia que não morreria
de jeito nenhum
na frente de um supermercado

morrer na frente de um supermercado
é muita humilhação para um homem só

se você estiver morrendo
na frente de um supermercado
lute até o final
se você não conseguir
peça que o arrastem
para que você possa morrer em outro local

minha avó luise sempre me dizia
tudo passa

quando dei entrada no hospital
me debrucei no balcão de atendimento
mirei a atendente com meus olhos de dodói
e disse a ela que estava morrendo
morrendo de verdade
bem ali
na frente dela

a moça pensou um pouco

e passei na frente de todas as pessoas
que aguardavam atendimento

na segunda vez que pensei
que morreria antes de 2094
em casa
fumando
e dormindo
passei na frente de todas as pessoas
da fila de atendimento
e não me arrependo

a gente faz o que pode para ser feliz

PARTE 2

MONUMENTO AO JOVEM MONOLITO

enquanto eu brincava de índio na praia
você se transformou em
maravilha tecnológica
máquina de bolinar máquinas

enquanto o homem de terno
dançava sobre o homem de crachá
que dançava sobre o homem de farda
que dançava sobre o homem de macacão
que cantava músicas para jesus cristo
eu estava na praia
brincando de índio
quando a polícia chegou

enquanto a internet forjava
o novo formato da sua coluna
seu corpo relinchava
meu amor
você se parece cada vez mais
com uma cadeira de escritório
talvez com rodinhas
você rodopie

você queria ser bailarina ou veterinária
eu queria ser índio ou astronauta
enquanto eu brincava de índio na praia
você inventava a pólvora

eu brincava de índio na praia
rezava para os elefantes
comungava com os pássaros
minha igreja era um chá de gosto ruim
ver um elefante
era coisa tão comum
como avistar um automóvel

no dia em que
a alegria foi considerada
uma forma de selvageria
análoga à barbárie
tipificada como terrorismo
eu brincava de terrorista na praia
quando os americanos chegaram

meu amor
seus seios se parecem cada vez mais
com uma tela sensível ao toque
enquanto eu bebia sangue na praia
você fazia exercícios aeróbicos
para salvar sua bunda
da morte certa
às vezes
tenho vontade de largar tudo
comprar um carrinho de coco
virar índio ou astronauta
você ainda está viva
e também pode largar tudo
para ser bailarina ou veterinária
precisamos guardar algum dinheiro
para a faculdade das meninas
precisamos largar tudo
ontem nossa caçula viu elefantes magros e doentes
nas celas de um zoológico

PARTE 3
TIROCÍNIO PARA JOVENS HOMICIDAS

1.

O DIA DO DESEMBARQUE

depois de anos sem cuidar dos jardins
você começa a curtir a selva
na minha primeira anotação sobre a guerra
acho que eu não tinha vinte anos
nem olhos duros como cartões de crédito

2.

CONHECENDO OS COLEGAS DE TANQUE

uma guerra sempre é
até o final
morrer na guerra pode ser coisa maravilhosa
ganhar medalhas estátuas
se conseguir matar muita gente
seu nome batizando uma rodoviária
com tantas guerras por aí
uma delas será
contra você

3.

O ENTERRO DOS OSSOS

em qualquer guerra
uma pessoa que morreu há dias
ainda desfruta da sua agradável companhia
se qualquer um pode morrer amanhã
é de bom-tom pedir seu prato preferido
e fazer a cada dia
a última refeição

4.

A DICA DOS VETERANOS

em qualquer guerra
sentir medo da luz acesa
e da luz apagada
guardar água e comida
não pensar nas mães dos outros
vigiar sempre a cabeça
pra não começar a falar sozinho

PARTE 4
LÍNGUA BRAÇO ARMADO DO CORAÇÃO

1.
nós somos a luz
que teima no breu
e a bandeira que tremula
sem vento
nós somos o menor mundo
do mundo
e metemos medo
naqueles que
metem medo

2.

começamos como pequeno grupo
viramos um bando
quando encontraram nossos corpos
na praia
o delegado de polícia disse
são muitos
estão mortos
e conseguem fazer poesia
mesmo sem respirar

3.
e o medo
não adentra nossos corpos
e nossos corações
jamais ficam duros
quando encontraram nossos corpos
na praia
o legista disse
são muitos
estão mortos
mas seus corações
jamais ficam duros

4.
e assim como coração é preciso
é necessário estômago
coração e estômago
quando você nascer de novo
não esqueça
coração e estômago
duas coisas que você deve ter
até o dia em que você morrer
de novo

5.
se a língua toca pele inédita
certamente
lucro da língua
talvez
ponto para a alma

6.
a língua
nasce cresce se apaixona casa
e morre
com a língua
morremos pela boca
fazemos paz e amor e guerra
e sem usar as mãos
com a língua
limpamos nossos lábios de sangue
e inventamos mentiras para salvar
nossa pele

7.
a pele é uma roupa
feita para esconder
as melhores e piores
pessoas do mundo
com a pele
todo cuidado é pouco

8.
muito em breve
de dentro de uma pele
surgirá uma língua
que criará a calma
organizará a calma
e conduzirá a calma ao poder

9.
a vida é tão boa pensei hoje mesmo
enquanto ajudava meu pai
a tomar banho e urinar

10.
último desejo
quando eu morrer
transformem minha cabeça
em um vaso
com uma planta
que gere frutos

11.
os frutos que os mortos deixaram
alimentarão os vivos
que criarão a calma
organizarão a calma
elegerão a calma
e conduzirão a calma
novamente
ao poder

12.
a calma sempre sofre com alternância de poder
e é reconduzida através dos frutos
e dos bárbaros
que arrancam cabeças
de civilizados
inclusive as das quinhentas pessoas mais ricas do mundo
que juntas lucraram 1,2 trilhão de dólares
em 2019

13.
a valsa
também pode acontecer por indução
por exemplo
o algoritmo teima em exibir você
de férias
no espelho retrovisor do carro
brindando com suas amigas
até o algoritmo quer
que a gente valse

14.
no processo civilizatório
tem o beijo
tem o abraço
e tem o beijo com abraço

15.
quando você me deu
um beijo com abraço perguntei
quem é você
meu nome é bárbara
eu sou o cavalo que correrá
dentro da sua imaginação
isso deve doer
pensei

16.
se a cabeça cuida do corpo
o corpo cuida da cabeça
quando eu morrer
bárbara
jogue seu vestidinho amarelo
dentro do meu caixão

17.
se a nuca sonha
com a mão
duas moléculas
começam a fabricar
outro mar

18.
todo avião sabe
o céu é dos pássaros
quando a calma voar ao poder
a esperança será ministra
e os que aguardaram a calma com calma
dormirão sem ajuda de remédios
e ganharão cargos no governo
da calma

19.
por último
lembrem-se sempre dos que morreram
buscando a felicidade
americanos em parques de diversão
alpinistas no everest e
empresários cansados de ganhar dinheiro
em seus helicópteros
a caminho de angra dos reis
essa gente não faz mágica

20.
por outro lado
vale lembrar
que as grandes mágicas
não são feitas por mágicos

PARTE 5
ESTRADA PARA O OUVIDO
(CARTAS DO PARAÍSO)

1.
quando você chegou
eu já havia destruído o mundo
duas vezes
e matado e ressuscitado pessoas
com a força da minha imaginação

2.
para você
que chegou agora
no mundo que destruí duas vezes
não havia lua ou sol
apenas lâmpadas fluorescentes
e salas de reunião

3.
naquela época
ainda não era possível ligar e desligar
pessoas
e você era obrigado a
conversar pessoalmente
brigar pessoalmente
amar pessoalmente
mentir pessoalmente
e demitir pessoas pessoalmente
a vida era muito mais difícil
e bela

4.

antes de você chegar
estive em muitos aeroportos
sempre achei engraçado
ver pessoas correndo
dentro de aeroportos
até o dia em que precisei
correr dentro de um aeroporto
foi quando aprendi
não se deve rir de tudo
e chorar é muito importante

5.
muito muito antes de você chegar
eu já não chorava
fiquei dois anos sem chorar
um ano sem trepar
vinte e cinco sem beber
refrigerante
já respirei com ajuda de aparelhos
duas vezes antes de você chegar
no dia em que você chegou
eu ainda precisava de muitas coisas
para ser feliz

6.
quando você saía da minha casa
meu corpo ainda ficava aceso
por dois ou três dias
era como vestir um terno de fogo
feito especialmente para proteger
meu coração de vidro

7.
e você me fez
falar com os olhos
e ver com a língua
e você me fez
ouvir com as mãos
e ler com os ouvidos
e você me fez escrever
cartas do paraíso

1ª EDIÇÃO [2021] 1 reimpressão

ESTA OBRA FOI COMPOSTA POR ACOMTE
EM MERIDIEN E IMPRESSA PELA GRÁFICA BARTIRA
EM OFSETE SOBRE PAPEL PÓLEN BOLD DA SUZANO S.A.
PARA A EDITORA SCHWARCZ EM JUNHO DE 2021

A marca FSC® é a garantia de que a madeira utilizada na fabricação do papel deste livro provém de florestas que foram gerenciadas de maneira ambientalmente correta, socialmente justa e economicamente viável, além de outras fontes de origem controlada.